I0358324
www.ingramcontent.com/pod-product-compliance
Lightning Source LLC
Chambersburg PA
CBHW041110070526
44583CB00003B/126
9781763760219

خلاصہ
پارہ نمبر 30
"عمّ پارہ"

مرتب کردہ
اسلم حسین

یہ صفحہ دانستہ طور پر خالی چھوڑ دیا گیا ہے

دیباچہ

(ایمان کی بنیاد اور آخری پارہ کا پیغام)

قرآن مجید کی سورتیں دو بڑے حصوں میں تقسیم ہیں: مکی اور مدنی۔ مکی سورتیں، جو قرآن کا تقریباً دو تہائی ہیں، بنیادی طور پر عقائد اور ایمانیات پر زور دیتی ہیں۔ ان میں سب سے نمایاں موضوعات توحید، رسالت اور آخرت ہیں۔ گویا یہ ایمان اور عقیدے کی جڑ اور بنیاد ہیں۔

اس کے برعکس مدنی سورتوں میں ایمان کے بعد کی عملی زندگی اور اجتماعی نظام کی تفصیل ملتی ہے۔ ان میں عبادات (نماز، روزہ، حج، زکوٰۃ)، خاندانی معاملات (نکاح و طلاق کے اصول)، معیشت (انفاق، تجارت، سود کی ممانعت)، جہاد، منافقین کے رویے اور ریاستی ہدایات شامل ہیں۔ یوں مدنی سورتیں ایمان کے بعد عمل کو منظم کرتی ہیں تاکہ انفرادی و اجتماعی زندگی قرآن کے مطابق ڈھل سکے۔

اسی پس منظر میں قرآن کا آخری پارہ (جزء 30، عمّ یتساءلون) ایک خاص مقام رکھتا ہے۔ اس پارے کی تمام سورتوں کا مرکزی موضوع ایمانیات ہے، خاص طور پر ایمان بالغیب۔ ان سورتوں میں بار بار قیامت، جنت و جہنم، اللہ کی قدرت، اور انسان کے انجام کا ذکر ملتا ہے۔ یہ پارہ دلوں میں ایمان کی جڑ مضبوط کرتا ہے اور انسان کو یقین دلاتا ہے کہ اصل حقیقت اس دنیا کے بعد کی ابدی زندگی ہے۔

خلاصہ:

مختصر یہ کہ آخری پارہ ایمان کی بنیاد ہے، جو عقیدے کو جلا بخشتا ہے اور انسان کو یاد دلاتا ہے کہ ایمان کے بغیر کوئی عمل بامعنی نہیں۔ یہ پارہ ہر مسلمان کے لیے ایمان کی تجدید اور اللہ پر کامل یقین کا سرچشمہ ہے۔

مدنی سورتوں کا تعارف

(عملی زندگی کے احکام و ہدایات)

قرآنِ مجید کی سورتیں دو بڑی اقسام میں تقسیم کی جاتی ہیں: مکی اور مدنی۔ مکی سورتوں میں بنیادی طور پر ایمان، توحید، آخرت، اور عقائد پر زور دیا گیا ہے، جبکہ مدنی سورتوں میں ایمان کے بعد عملی زندگی کے اصول، اجتماعی نظام اور معاشرتی ذمہ داریاں بیان کی گئی ہیں۔ ان کا انداز زیادہ تفصیلی اور قانونی نوعیت کا ہے تاکہ ایک منظم معاشرہ اور ریاست تشکیل پا سکے۔

اہم خصوصیاتِ مدنی سورتیں:

ان میں زیادہ تر آیات نسبتاً طویل اور تفصیلی ہیں۔ ان میں لفظ "يٰأيها الذين آمنوا" بار بار آتا ہے، جس سے براہِ راست مسلمانوں کو مخاطب کیا گیا۔ ان میں عملی احکام، معاشرتی اصول اور قانونی مسائل کا ذکر زیادہ ہے۔

خلاصہ مضامین:

عبادات:

نماز، روزہ، زکوٰۃ اور حج کے تفصیلی احکام۔
قبلہ کی تبدیلی (سورہ بقرہ)۔
روزے کی فرضیت اور ان کے مقاصد۔

معاملات:
نکاح و طلاق کے اصول۔
میراث کا قانون (سورہ نساء)۔
سود کی حرمت اور تجارت کے اصول۔
قرض، معاہدات، اور گواہی کے ضابطے۔

اخلاقیات:
عدل و انصاف پر زور۔
منافقین کے رویوں اور ان کے نقصانات کا ذکر۔
والدین، یتیموں، پڑوسیوں اور معاشرتی تعلقات کے حقوق۔
صبر، انفاق اور ایثار کی تعلیم۔

اجتماعی و سیاسی امور:
جہاد، امن و جنگ کے اصول۔
مسلمانوں کے باہمی اتحاد پر زور۔
یہود و نصاریٰ کے ساتھ تعلقات اور ان کی سازشوں کا تذکرہ۔
ریاستِ مدینہ کی داخلی و خارجی پالیسیوں کی رہنمائی۔

مرکزی مضمون:
مدنی سورتوں کا مرکزی مضمون یہ ہے کہ ایمان کو عملی زندگی کا نظام بنایا جائے۔ یعنی فرد اور معاشرہ دونوں اپنی زندگی کے ہر پہلو میں اللہ کے احکام کو معیار بنائیں۔

اہم مدنی سورتیں اور ان کے نمایاں پہلو:

سورہ بقرہ:
ایمان، عبادات، قبلہ، روزہ، جہاد، معاشرتی و مالی قوانین۔

سورہ نساء:
میراث، نکاح، یتیموں کے حقوق، انصاف، خواتین کے مسائل۔

سورہ مائدہ:
کھانے پینے کے احکام، حدود و تعزیرات، اہلِ کتاب سے تعلقات۔

سورہ انفال و توبہ:
جہاد، منافقین کی سازشیں، ریاستی پالیسی۔

سورہ حجرات:
اخلاقیات، باہمی تعلقات، معاشرتی آداب۔

نتیجہ:
مدنی سورتیں دراصل اسلامی معاشرت، ریاست، معیشت اور قانون کی بنیاد ہیں۔ یہ ہمیں بتاتی ہیں کہ ایمان صرف دل کی کیفیت نہیں بلکہ ایک مکمل عملی نظام ہے جو عبادات سے معاملات، اور فرد سے ریاست تک ہر پہلو کو ڈھانپتا ہے۔ ان میں عدل، احسان، صبر، بھائی چارہ اور اجتماعی ذمہ داری جیسے اصول مرکزی اہمیت رکھتے ہیں۔

اللہ کی بڑائی اور بندہ کی عاجزی، صبر اور شکر کا درس

اسلامی تعلیمات کا خلاصہ دو بڑے پہلوؤں میں سمویا جا سکتا ہے:
اللہ کی بڑائی اور بندے کی عاجزی۔
جب انسان یہ حقیقت دل میں بٹھا لیتا ہے کہ کائنات کا مالک، رازق اور قادرِ مطلق صرف اللہ ہے تو اس کے اندر خودبخود عاجزی، شکرگزاری اور صبر کی کیفیت پیدا ہوتی ہے۔

اللہ کی بڑائی:

قرآن مجید میں بار بار کہا گیا کہ اللہ اکبر، یعنی اللہ ہر چیز سے بڑا ہے۔
سورج، چاند، ستارے، پہاڑ، سمندر اور انسان کی زندگی کے ہر نظام کی ترتیب اس کی قدرت کی دلیل ہے۔
یہ احساس انسان کو غرور اور تکبر سے بچا کر بندگی کے مقام پر لے آتا ہے۔

بندے کی عاجزی:

بندہ دراصل محتاج ہے، ہر لمحہ اللہ کی عطا کا محتاج۔
عاجزی ایمان کا زیور ہے، جو دل کو نرم کرتی ہے اور لوگوں کے ساتھ حسنِ سلوک کا ذریعہ بنتی ہے۔
عاجز بندہ دوسروں کے حقوق پہچانتا ہے اور اپنی نیکی کو اپنی طاقت نہیں بلکہ اللہ کی توفیق سمجھتا ہے۔

امتحان - صبر اور شکر:

دنیا کی زندگی آزمائش ہے۔ اس امتحان کے دو بڑے پہلو ہیں:

صبر:

مشکلات، مصیبتوں، نقصان اور بیماری میں صبر کرنا اللہ کی رضا کا ذریعہ ہے۔
قرآن میں فرمایا گیا: إِنَّ اللَّهَ مَعَ الصَّابِرِينَ — اللہ صبر کرنے والوں کے ساتھ ہے۔
صبر انسان کو مضبوط بناتا ہے اور مایوسی سے بچاتا ہے۔

شکر:

نعمتوں پر شکر ادا کرنا بندگی کا کمال ہے۔
شکر دل کو سکون دیتا ہے اور نعمتوں میں اضافہ کرتا ہے: لَئِن شَكَرْتُمْ لَأَزِيدَنَّكُمْ۔
شکر محض زبانی نہیں بلکہ عملی بھی ہے — نعمتوں کو صحیح مصرف میں استعمال کرنا ہی حقیقی شکر ہے۔

نتیجہ:

اسلام انسان کو یہ سکھاتا ہے کہ اللہ کی بڑائی کو مان کر بندے کی عاجزی اختیار کی جائے، اور زندگی کے ہر امتحان میں صبر اور شکر کو زادِ راہ بنایا جائے۔ یہی وہ راستہ ہے جو انسان کو دنیا میں سکون اور آخرت میں کامیابی عطا کرتا ہے۔

یا أیها الذین آمنوا

(مومنوں کے لئے ربانی نصیحتوں کا جامع پیغام)

قرآن مجید میں اللہ تعالیٰ نے ایمان والوں کو بار بار پکارا ہے: "یا أیها الذین آمنوا"۔ یہ خطاب محض ایک آواز نہیں بلکہ محبت، شفقت اور نصیحت بھرا نداء ہے۔ اہل علم کے مطابق یہ اندازِ خطاب زیادہ تر مدنی سورتوں میں آیا ہے اور تقریباً نوّے مقامات پر ذکر ہوا ہے۔ گویا یہ ایک مومن کے ایمان کے امتحان اور اس کے کردار کی تشکیل کے لئے ربانی نصیحتوں کا مجموعہ ہے۔

خلاصہ اور جامع نکات:

ایمان کی تکمیل اور اطاعت:

ایمان کے بعد سب سے پہلی ذمہ داری اللہ اور رسول ﷺ کی اطاعت ہے۔
"یا أیها الذین آمنوا أطیعوا الله وأطیعوا الرسول..." (النساء:59)

عبادات کی پابندی:

نماز قائم کرنے، روزہ رکھنے، زکوٰۃ دینے، اور حج جیسے فرائض کی تاکید اسی اندازِ خطاب سے ہوئی۔
مقصد یہ کہ ایمان صرف عقیدہ نہیں بلکہ عملی عبادت کے ذریعے ظاہر ہو۔

اخلاق و معاملات کی اصلاح:

"یا أیها الذین آمنوا لا یسخر قوم من قوم" (الحجرات:11)
تمسخر، غیبت، بدگمانی، اور تجسس سے بچنے کی نصیحت کی گئی۔
مومن کے کردار کو پاکیزہ اور معاشرے کو خوشحال بنانے کا حکم دیا گیا۔

اجتماعی زندگی کے اصول:

عدل و انصاف، گواہی میں سچائی، معاہدوں کی پاسداری، اور دوسروں کے حقوق کی حفاظت۔

"یا أیها الذین آمنوا کونوا قوامین بالقسط" (النساء:135)

جہاد و قربانی کا جذبہ:

ایمان والوں کو دین کی سربلندی اور حق کی گواہی کے لئے قربانی اور جہاد کا حکم۔

"یا أیها الذین آمنوا هل أدلکم علی تجارة تنجیکم..." (الصف:10)

حرام و حلال کی وضاحت:

کھانے پینے کی چیزوں، ربا (سود) سے اجتناب، اور پاکیزگی کو اپنانے کے احکام۔

"یا أیها الذین آمنوا لا تأکلوا الربا أضعافاً مضاعفة" (آل عمران:130)

صبر و تقویٰ کی تاکید:

مشکل حالات میں ثابت قدمی اور تقویٰ اختیار کرنے کا حکم۔

"یا أیها الذین آمنوا استعینوا بالصبر والصلاة" (البقرة:153)

ذکر و شکر اور اللہ سے تعلق:

اللہ کے ذکر اور شکر گزاری کی طرف بلایا گیا تاکہ ایمان تازہ رہے۔

"یا أیها الذین آمنوا اذکروا الله ذکراً کثیراً" (الأحزاب:41)

جامع نتیجہ:

قرآن میں "یا أیها الذین آمنوا" گویا ایمان والوں کے لئے زندگی کا نصاب ہے۔ اس میں عقیدہ، عبادت، اخلاق، معاملات، معاشرت، معیشت، سیاست، اور جہاد سب کے اصول جمع ہیں۔ ہر مرتبہ جب یہ خطاب آتا ہے تو ایک نئی ذمہ داری، ایک نیا حکم یا ایک اہم نصیحت سامنے آتی ہے۔ اس سے ظاہر ہوتا ہے کہ ایمان محض زبانی اقرار نہیں بلکہ عملی زندگی کے ہر شعبے میں اللہ کی ہدایات کو اپنانا ہے۔

یہی وجہ ہے کہ صحابہ کرام رضی اللہ عنہم فرمایا کرتے تھے:

"جب ہم سنتے تھے کہ 'یا أیها الذین آمنوا' تو کان لگا دیتے تھے، کیونکہ جانتے تھے کہ یا تو کوئی نیکی کا حکم ہوگا یا کسی برائی سے روکا جائے گا۔"

سوره الفاتحة

أَعُوذُ بِاللهِ مِنَ الشَّيْطَانِ الرَّجِيم
بِسْمِ اللّٰهِ الرَّحْمٰنِ الرَّحِيْمِ

اَلْحَمْدُ لِلّٰهِ رَبِّ الْعٰلَمِيْنَ ◦ الرَّحْمٰنِ
الرَّحِيْمِ ◦ مٰلِكِ يَوْمِ الدِّيْنِ ◦ اِيَّاكَ نَعْبُدُ وَ
اِيَّاكَ نَسْتَعِيْنُ ◦ اِهْدِنَا الصِّرَاطَ
الْمُسْتَقِيْمَ ◦ صِرَاطَ الَّذِيْنَ اَنْعَمْتَ عَلَيْهِمْ
غَيْرِ الْمَغْضُوْبِ عَلَيْهِمْ وَ لَا الضَّآلِّيْنَ ◦

آمين

فهرست

(٧٨) سوره النباء 1
(٧٩) سوره النَّازِعَاتِ 2
(٨٠) سورة عبس 3
(٨١) سورة التكوير 4
(٨٢) سورة الانفطار 5
(٨٣) سورة المطففين 6
(٨٤) سورة الانشقاق 7
(٨٥) سورة البروج 8
(٨٦) سورة الطارق 9
(٨٧) سورة الأعلى 10
(٨٨) سورة الغاشية 11
(٨٩) سورة الفجر 12
(٩٠) سورة البلد 13
(٩١) سورة الشمس 14
(٩٢) سورة الليل 15
(٩٣)سورة الضحىٰ 16
(٩٤)سورة الشرح 17
(٩٥) سورة التين 18
(٩٦) سورة العلق 19
(٩٧) سورة القدر 20
(٩٨) سورة البينہ 21
(٩٩) سورة الزلزالہ 22
(١٠٠) سورة العاديات 23
(١٠١) سورة القارعہ 24
(١٠٢) سورة التكاثر 25
(١٠٣) سورة العصر 26
(١٠٤) سورة الهمزہ 27
(١٠٥) سورة الفيل 28
(١٠٦) سورة قريش 29
(١٠٧) سورة الماعون 30
(١٠٨) سورة الكوثر 31

فہرست

(۱۰۹) سورۃ الکافرون 32
(۱۱۰)سورۃ النصر 33
(۱۱۱)سورۃ المسد 34
(۱۱۲) سورۃ الاخلاص 35
(۱۱۳)سورۃ الفلق 36
(۱۱۴)سورۃ الناس 37
خلاصہ پارہ نمبر 30 "عمّ پارہ" .... 38 - 39
قرآن کے لئے مختصر دعا 40

فهرست

(۷۸) سوره النباء 1
(۷۹) سوره النَّازِعَاتِ 2
(۸۰) سورة عبس 3
(۸۱) سورة التكوير 4
(۸۲) سورة الانفطار 5
(۸۳) سورة المطففين 6
(۸۴) سورة الانشقاق 7
(۸۵) سورة البروج 8
(۸۶) سورة الطارق 9
(۸۷) سورة الأعلى 10
(۸۸) سورة الغاشية 11
(۸۹) سورة الفجر 12
(۹۰) سورة البلد 13
(۹۱) سورة الشمس 14
(۹۲) سورة الليل 15
(۹۳)سورة الضحىٰ 16
(۹۴)سورة الشرح 17
(۹۵) سورة التين 18
(۹۶) سورة العلق 19
(۹۷) سورة القدر 20
(۹۸) سورة البينه 21
(۹۹) سورة الزلزاله 22
(۱۰۰) سورة العاديات 23
(۱۰۱) سورة القارعه 24
(۱۰۲) سورة التكاثر 25
(۱۰۳) سورة العصر 26
(۱۰۴) سورة الهمزه 27
(۱۰۵) سورة الفيل 28
(۱۰۶) سورة قريش 29
(۱۰۷) سورة الماعون 30
(۱۰۸) سورة الكوثر 31

فہرست

(۱۰۹) سورة الکافرون 32
(۱۱۰)سورة النصر 33
(۱۱۱)سورة المسد 34
(۱۱۲) سورة الاخلاص 35
(۱۱۳)سورة الفلق 36
(۱۱۴)سورة الناس 37
خلاصہ پارہ نمبر 30 "عمّ پارہ" .... 38 - 39
قرآن کے لئے مختصر دعا 40

سورہ النباء (۷۸)

أَعُوذُ بِاللهِ مِنَ الشَّيْطَانِ الرَّجِيم
بِسْمِ اللّٰهِ الرَّحْمٰنِ الرَّحِيْمِ

خلاصہ:

یہ سورہ مکہ مکرمہ میں نازل ہوئی ہے اور اس میں 40 آیات ہیں۔ اس سورہ کا مرکزی موضوع قیامت، آخرت کی حقیقت، اور انسانوں کو اللہ کی قدرت اور اس کے عذاب سے خبردار کرنا ہے۔

سورہ کا آغاز قیامت کے دن کے بارے میں سوال کرنے والوں سے ہوتا ہے، جب انسانوں کو ان کے اعمال کا حساب دیا جائے گا۔ یہ دن انسانوں کے لیے سخت ہوگا، اور وہ اس دن کی حقیقت سے غافل ہیں۔ اس میں انسانی زندگی کے لیے اللہ کی تخلیق کی قدرت کا ذکر کیا گیا ہے، جیسے زمین اور آسمانوں کا انتظام، پہاڑوں کا مضبوطی سے موجود ہونا، اور اس کی تخلیقات۔ اللہ نے انسانوں کے لیے نیند، دن اور رات، اور بارش کی نعمتیں فراہم کیں۔ یہ بھی بتایا گیا کہ قیامت کے دن ان لوگوں کو عذاب دیا جائے گا جو ایمان نہیں لائے اور گناہگار رہے۔ اس دن اللہ کی سزا انتہائی شدید ہوگی اور انسانوں کو ان کے اعمال کا بھرپور حساب دیا جائے گا۔ جو لوگ اللہ پر ایمان لائیں گے اور نیک عمل کریں گے، وہ جنت میں داخل ہوں گے، جہاں ان کے لیے انعامات ہوں گے۔

سبق:

سورہ نبا کا مقصد انسانوں کو اللہ کی عظمت، قیامت کی حقیقت، اور نیک عمل کی اہمیت سمجھانا ہے۔

سورہ النَّازِعَاتِ (۷۹)

أَعُوذُ بِاللهِ مِنَ الشَّيْطَانِ الرَّجِيم
بِسْمِ اللّٰهِ الرَّحْمٰنِ الرَّحِيْمِ

خلاصہ:

سورۃ النازعات قرآن مجید کی ایک مکی سورۃ ہے، اس میں 46 آیات ہیں۔ اس سورۃ کا بنیادی موضوع قیامت، انسان کی تخلیق، اور آخرت میں حساب و جزا ہے۔

اسکا آغاز اللہ تعالی ان فرشتوں کی قسم کھا کر ہوا ہے جو موت کے وقت روحیں نکالنے پر مامور ہیں۔ کچھ سختی سے روح نکالتے ہیں (کافروں کی)، اور کچھ نرمی سے (مومنوں کی)۔ یہ فرشتے اللہ کے حکم سے تمام امور کو انجام دیتے ہیں۔ اس میں قیامت کے دن کے ہولناکیوں کا ذکر ہے۔ زمین لرزے گی، پہاڑ ریزہ ریزہ ہو جائیں گے، اور انسانوں کے دل خوف سے کانپ رہے ہوں گے۔ کافر اس دن کو جھٹلاتے ہیں، لیکن انہیں بتایا جاتا ہے کہ یہ ضرور پیش آئے گا۔

حضرت موسیٰ علیہ السلام اور فرعون کا واقعہ بیان کیا گیا ہے۔ موسیٰ علیہ السلام کو اللہ نے معجزات دے کر فرعون کے پاس بھیجا تاکہ وہ ہدایت پائے۔ لیکن فرعون نے تکبر کیا اور خود کو خدا قرار دیا۔ نتیجتاً، اللہ نے اسے اور اس کی قوم کو سخت سزا دی، جو قیامت کے منکرین کے لیے عبرت کا نشان ہے۔

اللہ کی تخلیق کی عظمت کو بیان کیا گیا ہے، جیسے آسمان کی بلندیاں، زمین کی وسعت، پانی کے چشمے، اور پہاڑوں کا قائم ہونا۔ یہ سب اس کی قدرت کے ثبوت ہیں اور انسان کو سوچنے پر مجبور کرتے ہیں۔

اس میں بتایا گیا ہے کہ قیامت کے دن ہر انسان کو اس کے اعمال کے مطابق بدلہ دیا جائے گا۔ جو نافرمانی اور دنیا کی محبت میں مبتلا تھے، ان کا ٹھکانہ جہنم ہوگا، اور جو اللہ سے ڈرتے رہے اور اپنی خواہشات پر قابو پاتے رہے، وہ جنت میں جائیں گے۔

کافروں کے سوالات کا جواب دیا گیا کہ قیامت کب آئے گی؟ انہیں بتایا گیا کہ اس کا علم صرف اللہ کے پاس ہے۔ نبی ﷺ پر صرف لوگوں کو خبردار کرنے کی ذمہ داری ہے۔ قیامت اچانک آئے گی، اور لوگ اسے دیکھ کر محسوس کریں گے کہ دنیاوی زندگی صرف ایک مختصر وقت تھی۔

سبق:

یہ سورۃ انسان کو اللہ کی قدرت، قیامت کی حقیقت، اور آخرت کے انجام پر غور کرنے کی دعوت دیتی ہے۔

سورة عبس (٨٠)

أَعُوذُ بِاللهِ مِنَ الشَّيْطَانِ الرَّجِيم
بِسْمِ اللّٰهِ الرَّحْمٰنِ الرَّحِيْمِ

خلاصہ:

سورة عبس قرآن مجید کی 30ویں پارے کی ایک مختصر مکی سورة ہے جو انسان کو دین اور اخلاقیات کے بنیادی اصول سمجھاتی ہے۔

ابتدائی آیات میں نبی کریم ﷺ کو ایک نابینا صحابی (عبد اللہ بن ام مکتومؓ) کے ساتھ برتاؤ پر نرمی سے توجہ دلائی گئی۔ یہ واقعہ اس وقت پیش آیا جب نبی ﷺ قریش کے معزز لوگوں کو دعوت دے رہے تھے اور نابینا صحابی نے آپ ﷺ سے دین کے بارے میں سوالات کیے۔ اس کے بعد انسان کو یاد دلایا گیا کہ وہ اپنے خالق کی قدرت کو پہچانے، جو اسے مٹی سے پیدا کرتا ہے، اور اس کی زندگی کے تمام پہلو سنوارتا ہے۔ یہ سورة انسان کی ناشکری کو واضح کرتی ہے اور قیامت کے دن کی یاد دہانی کراتی ہے، جہاں سب کو اپنے اعمال کا حساب دینا ہوگا۔ اس میں اللہ تعالیٰ کی عظیم نعمتوں کا ذکر کیا گیا، جیسے کھیتی، بارش، پھل اور جانور، تاکہ انسان اللہ کا شکر گزار بنے۔ آخر میں، قیامت کے مناظر بیان کیے گئے ہیں، جہاں چہرے یا تو خوش و خرم ہوں گے یا غمگین اور مایوس۔ یہ اس بات کا فیصلہ ہوگا کہ کون نیک اعمال کے ساتھ آیا اور کون دنیا میں اپنے فرائض بھول گیا۔

سبق:

یہ سورة ہمیں عاجزی، شکر گزاری، اور آخرت کی فکر کی اہمیت سکھاتی ہے۔

سورة التکویر (٨١)

أَعُوذُ بِاللهِ مِنَ الشَّيْطَانِ الرَّجِيم
بِسْمِ اللّٰهِ الرَّحْمٰنِ الرَّحِيْمِ

خلاصہ:
سورة التکویر قرآن مجید کی مکی سورتوں میں سے ہے، جس میں 29 آیات ہیں۔ اس سورہ میں قیامت کے مناظر اور انسان کے اعمال و عقائد پر زور دیا گیا ہے۔ سورۃ کے آغاز میں قیامت کی نشانیاں بیان کی گئی ہیں، جیسے سورج کا لپیٹ دیا جانا، ستاروں کا گرنا، پہاڑوں کا چلنا، اور زمین پر موجود وسائل اور مخلوقات کا ختم ہو جانا۔ یہ منظر انسان کو قیامت کے دن کی شدت کا احساس دلاتا ہے۔ یہ بھی بتایا گیا ہے کہ قیامت کے دن انسان کے اعمال سامنے لائے جائیں گے، اور ہر شخص کو معلوم ہو جائے گا کہ اس نے دنیا میں کیا کمایا۔ اللہ تعالیٰ نے قرآن کی سچائی اور اس کے وحی ہونے پر قسم کھائی ہے۔ اس میں رسول اکرم ﷺ کو سچا اور قابلِ اعتماد قرار دیا گیا ہے، جو اللہ کے پیغام کو درست طور پر پہنچاتے ہیں۔ سورۃ یہ واضح کرتی ہے کہ قیامت کے دن ہر انسان کو اس کے اعمال کے مطابق جزا یا سزا ملے گی۔ نیک اعمال کرنے والے جنت میں داخل ہوں گے، اور گناہ گاروں کو عذاب کا سامنا ہوگا۔ آخر میں انسان کو سوچنے اور عبرت حاصل کرنے کی دعوت دی گئی ہے کہ وہ اپنی زندگی کو بہتر بنائے اور آخرت کی تیاری کرے۔

سبق:
سورۃ التکویر انسان کو یاد دلاتی ہے کہ یہ دنیا عارضی ہے، اور حقیقی کامیابی وہ ہے جو آخرت میں حاصل ہو۔ اس لیے ہمیں اپنے اعمال پر غور کرنا چاہیے اور اللہ کے احکام کی پیروی کرنی چاہیے۔

سورة الانفطار (۸۲)

أَعُوذُ بِاللهِ مِنَ الشَّيْطَانِ الرَّجِيم
بِسْمِ اللّٰهِ الرَّحْمٰنِ الرَّحِيْمِ

خلاصہ:

سورۃ الانفطار پارہ 30 قرآن مجید کی مکی سورت ہے، جس میں 19 آیات ہیں۔ اس کا بنیادی موضوع قیامت کا احوال، انسان کے اعمال، اور ان کے انجام کا بیان ہے۔ سورۃ کی ابتدا میں قیامت کی ہولناکیوں کا ذکر کیا گیا ہے، جب آسمان پھٹ جائے گا، ستارے بکھر جائیں گے، سمندر ابل پڑیں گے، اور قبریں کھول دی جائیں گی۔ یہ مناظر اس دن کی ہولناکی اور اہمیت کو بیان کرتے ہیں۔ انسان کو یاد دلایا گیا ہے کہ وہ اپنے اعمال کے مطابق جزا یا سزا پائے گا۔ ہر شخص کو اس کے اچھے اور برے اعمال کا پورا بدلہ دیا جائے گا۔ انسان کو اللہ کی نعمتیں یاد دلائی گئی ہیں، جیسے اس کی تخلیق، اس کے وجود کی خوبصورتی، اور زندگی کی تمام سہولتیں۔ لیکن اس کے باوجود انسان اپنے رب کی نعمتوں کو بھول کر غفلت اور نافرمانی میں مبتلا ہو جاتا ہے۔ بتایا گیا ہے کہ انسان کے اعمال کو لکھنے والے فرشتے ہر وقت اس کے ساتھ موجود ہیں۔ ان کی تحریر میں کوئی غلطی یا کمی بیشی نہیں ہوتی۔ نیک لوگ نعمتوں بھری جنت میں ہوں گے، جبکہ گناہگار اور بدکار لوگ جہنم کی سزا پائیں گے۔

سبق:

سورۃ الانفطار انسان کو قیامت کی یاد دلاتی ہے اور اسے اپنے اعمال کے بارے میں محتاط رہنے کی تاکید کرتی ہے۔ یہ سورت اللہ کی عظمت، انصاف، اور انسان کی ذمہ داریوں کی طرف توجہ دلاتی ہے۔

سورة المطففين (۸۳)

أَعُوذُ بِاللهِ مِنَ الشَّيْطَانِ الرَّجِيم
بِسْمِ اللّٰهِ الرَّحْمٰنِ الرَّحِيْمِ

خلاصہ:

سورة المطففین قرآن مجید کی 83ویں سورت ہے، جو مکہ مکرمہ میں نازل ہوئی۔ اس کا مرکزی موضوع انسانی اخلاقیات، انصاف اور آخرت کی جزا و سزا ہے۔ سورة کا آغاز ان لوگوں کی سخت مذمت سے ہوتا ہے جو ناپ تول میں کمی کرتے ہیں۔ ایسے لوگ خود کے لیے زیادہ لینے اور دوسروں کو کم دینے کی کوشش کرتے ہیں، جو ایک انتہائی غیر اخلاقی عمل ہے۔ اللہ تعالیٰ انہیں آخرت میں سخت عذاب کی وارننگ دیتا ہے۔ اللہ قیامت کے دن کی حقیقت بیان کرتا ہے، جہاں ہر شخص اپنے اعمال کے مطابق جزا یا سزا پائے گا۔ ناپ تول میں کمی کرنے والوں کو یاد دلایا جاتا ہے کہ وہ ایک عظیم دن کے لیے اپنے اعمال کا حساب دیں گے۔ فجّار (گناہگار) کے اعمال ایک خاص کتاب "سجین" میں درج ہوں گے۔ ان کے لیے سخت عذاب تیار ہے، اور وہ اللہ کی رحمت سے محروم ہوں گے۔ ابرار (نیک لوگ) کے اعمال ایک خاص کتاب "علیین" میں درج ہوں گے۔ ان کے لیے جنت میں اعلیٰ مقام ہوگا، جہاں وہ خوشحال اور مطمئن ہوں گے۔ اللہ دنیاوی زندگی کی عارضی اور دھوکہ دینے والی حقیقت بیان کرتا ہے۔ یہ بتایا گیا ہے کہ گناہگار دنیا کی لذتوں میں مگن ہو کر آخرت کو بھول جاتے ہیں۔ سورت کے آخر میں اللہ نیک لوگوں کے انعامات کا ذکر کرتا ہے، جو جنت میں اللہ کی نعمتوں سے لطف اندوز ہوں گے۔ وہ خوش ہوں گے اور ان کے چہرے مسرت سے چمک رہے ہوں گے۔

سبق:

سورة المطففین ہمیں انصاف، دیانت داری، اور آخرت کی فکر کرنے کی تعلیم دیتی ہے۔ یہ سورت یاد دلاتی ہے کہ دنیاوی زندگی مختصر ہے، جبکہ آخرت ابدی ہے، اس لیے ہمیں اپنے اعمال کو درست کرنا چاہیے اور ناپ تول میں کمی جیسے گناہوں سے بچنا چاہیے۔

سورۃ الانشقاق (۸۴)

أَعُوذُ بِاللهِ مِنَ الشَّيْطَانِ الرَّجِيم
بِسْمِ اللّٰهِ الرَّحْمٰنِ الرَّحِيْمِ

خلاصہ:

سورۃ الانشقاق قرآن پاک کی ایک مکی سورت ہے، جس میں 25 آیات ہیں۔ اس سورت کا موضوع قیامت کے واقعات، انسان کے اعمال کا حساب، اور جزا و سزا کے احوال بیان کرنا ہے۔ سورت کا آغاز قیامت کے ہولناک مناظر سے ہوتا ہے، جہاں آسمان پھٹ جائے گا اور زمین اپنے اندر چھپائے ہوئے خزانے اور لاشیں نکال دے گی۔ یہ سب اللہ کے حکم کے مطابق ہوگا، اور اس وقت ہر چیز کا اختتام اللہ کے سامنے حاضر ہونے پر ہوگا۔ انسان کو اس کے اعمال کے مطابق حساب دینا ہوگا۔ جس نے دنیا میں نیک عمل کیے ہوں گے، وہ خوشی اور اطمینان کے ساتھ اپنے رب کے پاس لوٹے گا۔ لیکن جس نے برے اعمال کیے ہوں گے، اس کے لیے عذاب اور بدبختی ہوگی۔ اللہ انسان کو اپنی تخلیق کی نشانیوں کی طرف متوجہ کرتا ہے، جیسے دن اور رات کا آنا جانا، چاند کے مختلف مراحل، اور کائنات کی ترتیب۔ یہ سب انسان کو یاد دلاتے ہیں کہ یہ دنیا فانی ہے، اور اصل زندگی آخرت کی ہے۔ جو لوگ قرآن اور اللہ کے احکامات کو جھٹلاتے ہیں، ان کے لیے دردناک عذاب کی وعید ہے۔ لیکن جو ایمان لاتے ہیں اور عمل صالح کرتے ہیں، ان کے لیے اجر بے حساب ہوگا۔

سبق:

سورۃ الانشقاق ہمیں یاد دلاتی ہے کہ انسان کو اپنی زندگی کا محاسبہ کرنا چاہیے اور آخرت کی تیاری کرنی چاہیے، کیونکہ ہر نفس کو اپنے اعمال کا بدلہ ملے گا۔ یہ سورت ایمان اور نیک اعمال کی اہمیت کو اجاگر کرتی ہے اور قیامت کے دن کے لیے انسان کو خبردار کرتی ہے۔

سورة البروج (٨٥)

أَعُوذُ بِاللهِ مِنَ الشَّيْطَانِ الرَّجِيم
بِسْمِ اللّٰهِ الرَّحْمٰنِ الرَّحِيْمِ

خلاصہ:

قرآن کریم کی سورہ نمبر 85، سورۃ البروج، ایک مکی سورت ہے جو 22 آیات پر مشتمل ہے۔ اس کا مرکزی موضوع ایمان والوں کے صبر، دشمنانِ حق کی سرکشی، اور اللہ کی قدرت و جزا پر ایمان ہے۔ سورۃ کا آغاز آسمان کی عظمت اور ستاروں کے نظام کی قسم سے ہوتا ہے، جو اللہ کی قدرت اور حکمت کو ظاہر کرتا ہے۔ اس میں ماضی کے ایک واقعے کا ذکر ہے جس میں ایمان والوں کو صرف اس لیے آگ میں جلایا گیا کہ وہ اللہ پر ایمان رکھتے تھے۔ اس واقعے سے کفار کے ظلم و ستم کو نمایاں کیا گیا ہے اور ایمان والوں کی ثابت قدمی کو سراہا گیا ہے۔ اللہ کی طاقت، علم، اور ہر چیز پر قابو پانے کا ذکر کیا گیا ہے۔ ان ظالموں کو تنبیہ کی گئی ہے کہ اللہ کے عذاب سے کوئی بچ نہیں سکتا۔ جو لوگ ایمان لاتے ہیں اور نیک عمل کرتے ہیں، ان کے لیے جنت کی بشارت دی گئی ہے، جو اللہ کی رحمت اور مغفرت کا مظہر ہے۔ پرانے قوموں، جیسے فرعون اور ثمود، کی مثالیں دے کر کفار کو یہ سمجھایا گیا ہے کہ جو لوگ حق کے خلاف جاتے ہیں، ان کا انجام تباہی ہے۔ آخر میں قرآن کی عظمت، اس کے محفوظ ہونے، اور اللہ کے عرش عظیم کے مالک ہونے کا ذکر کیا گیا ہے، جو اس بات کا یقین دلاتا ہے کہ اللہ کا کلام کبھی ضائع نہیں ہوگا۔

سبق:

یہ سورت ایمان والوں کو صبر اور ثابت قدمی کی تلقین کرتی ہے اور ظالموں کو اللہ کے عذاب سے خبردار کرتی ہے۔ اس میں اللہ کی قدرت، علم، اور انصاف کو نمایاں طور پر بیان کیا گیا ہے تاکہ انسانوں کو نصیحت حاصل ہو۔

سورة الطارق (٨٦)

أَعُوذُ بِاللهِ مِنَ الشَّيْطَانِ الرَّجِيم
بِسْمِ اللّٰهِ الرَّحْمٰنِ الرَّحِيْمِ

خلاصہ:

قرآن مجید کی سورۃ الالطارق سورۃ نمبر 86 ایک مکی سورت ہے، جس میں 17 آیات ہیں۔ اس سورت کا بنیادی موضوع اللہ کی قدرت، انسان کی تخلیق، اور قیامت کے دن کی حقیقت ہے۔ سورت کے آغاز میں اللہ تعالیٰ نے آسمان اور "طارق" (رات کو ظاہر ہونے والے چمکدار ستارے) کی قسم کھائی ہے۔ انسان کو اپنی تخلیق اور کائنات پر غور کرنے کی دعوت دی گئی ہے تاکہ وہ اللہ کی عظمت کو پہچانے۔اللہ نے انسان کو ایک معمولی پانی کے قطرے سے پیدا کیا، جو ریڑھ کی ہڈی اور سینے کی ہڈیوں کے درمیان سے نکلتا ہے۔ یہ اس بات کی دلیل ہے کہ جو اللہ انسان کو اس طرح پیدا کر سکتا ہے، وہ اسے دوبارہ زندہ کرنے پر بھی قادر ہے۔ اس سورت میں قیامت کے دن کی نشاندہی کی گئی ہے، جب انسان کے تمام اعمال ظاہر کیے جائیں گے، اور کوئی چیز اللہ سے پوشیدہ نہیں رہے گی۔ قرآن کو ایک فیصلہ کن کلام قرار دیا گیا ہے، جو حق اور باطل کے درمیان فرق کرتا ہے۔ انسان کو اس کے پیغام کو سمجھنے اور قبول کرنے کی دعوت دی گئی ہے۔ آخر میں اللہ تعالیٰ ان لوگوں کو خبردار کرتا ہے جو اس کے کلام کو جھٹلاتے ہیں کہ ان کی چالیں اللہ کے علم میں ہیں، اور وہ ان کا جواب دے گا۔

سبق:

یہ سورت انسان کو اللہ کی قدرت، قیامت کے دن کی جوابدہی، اور قرآن کے پیغام پر غور کرنے کی ترغیب دیتی ہے۔

سورة الأعلى (٨٧)

أَعُوذُ بِاللهِ مِنَ الشَّيْطَانِ الرَّجِيم
بِسْمِ اللّٰهِ الرَّحْمٰنِ الرَّحِيْمِ

خلاصہ:

قرآن پاک کی سورۃ نمبر 87، سورۃ الأعلی، مکی سورۃ ہے اور اس میں 19 آیات ہیں۔ اس کا مرکزی مضمون اللہ کی توحید، اس کی قدرت اور انسان کی ہدایت پر زور دینا ہے۔ سورۃ کی ابتدا اللہ کی پاکی بیان کرنے سے ہوتی ہے، جو سب سے بلند اور ہر قسم کی خامیوں سے پاک ہے۔ وہی کائنات کا خالق ہے اور ہر چیز کو درست تناسب کے ساتھ بناتا اور ہدایت دیتا ہے۔ کامیاب وہی ہوگا جو اپنے دل کو پاک کرے، اللہ کو یاد کرے اور اس کی عبادت کرے۔ دنیاوی زندگی کو عارضی اور فانی قرار دیا گیا ہے، جبکہ آخرت کی زندگی کو ہمیشہ رہنے والی اور بہتر بتایا گیا ہے۔ یہ ذکر کیا گیا کہ قرآن اللہ کی طرف سے نازل کردہ وحی ہے، اور یہ پہلے صحیفوں (حضرت ابراہیم اور موسیٰ کے صحیفے) کی تعلیمات کی تصدیق کرتی ہے۔

سبق:

یہ سورۃ ہمیں اللہ کی توحید، اس کی عبادت، اور دنیاوی زندگی کی عارضی حقیقت کو سمجھنے کی ترغیب دیتی ہے، اور آخرت کی تیاری کا پیغام دیتی ہے۔

سورة الغاشية (٨٨)

أَعُوذُ بِاللهِ مِنَ الشَّيْطَانِ الرَّجِيم
بِسْمِ اللّٰهِ الرَّحْمٰنِ الرَّحِيْمِ

خلاصہ:

قرآن پاک کی سورۃ الغاشیۃ نمبر 88، قرآن پاک کی ایک مکی سورت ہے، جس میں کل 26 آیات ہیں۔ یہ سورت قیامت کی ہولناکیوں اور آخرت میں انسانوں کے انجام پر روشنی ڈالتی ہے۔ سورت کی ابتدا قیامت کے واقعہ "الغاشیۃ" (ڈھانپ لینے والی ہولناکی) کے ذکر سے ہوتی ہے۔ یہ قیامت کے خوفناک مناظر کو بیان کرتی ہے جو ہر چیز کو اپنی لپیٹ میں لے لے گی۔ انسانوں کے انجام کا ذکر کرتے ہوئے انسانوں کو دو گروہوں میں تقسیم کیا گیا: بدبخت لوگ: وہ لوگ جنہوں نے کفر اور نافرمانی کی، ان کا انجام سخت عذاب، جلتی ہوئی آگ، اور کانٹے دار کھانے میں ہوگا۔ نیک لوگ: وہ لوگ جو ایمان لائے اور نیک عمل کرتے رہے، ان کا انجام خوشگوار ہوگا۔ وہ جنت کی نعمتوں، آرام دہ ماحول اور صاف شفاف چشموں میں ہوں گے۔ اللہ تعالیٰ انسانوں کو اپنی مخلوقات پر غور کرنے کی دعوت دیتا ہے، مثلاً اونٹ کی تخلیق، آسمان کی بلندی، پہاڑوں کی مضبوطی، اور زمین کی فرش جیسی سطح۔ یہ سب اللہ کی قدرت کی نشانیاں ہیں جو اس کی وحدانیت کی گواہی دیتی ہیں رسول اللہ ﷺ کو مخاطب کرتے ہوئے کہا گیا کہ آپ کا کام صرف نصیحت کرنا ہے۔ لوگوں پر جبر کرنا آپ کی ذمہ داری نہیں، بلکہ ان کا حساب کتاب اللہ کے سپرد ہے۔ آخر میں اللہ تعالیٰ تنبیہ کرتا ہے کہ قیامت کے دن ہر انسان کو اپنے اعمال کا حساب دینا ہوگا اور وہی دن مکمل انصاف کا ہوگا۔

سبق:

یہ سورت انسانوں کو آخرت کی تیاری کی تلقین کرتی ہے اور اللہ کی عظمت و قدرت پر غوروفکر کی دعوت دیتی ہے۔

سورة الفجر (۸۹)

أَعُوذُ بِاللهِ مِنَ الشَّيْطَانِ الرَّجِيم
بِسْمِ اللّٰهِ الرَّحْمٰنِ الرَّحِيْمِ

خلاصہ:

قرآن پاک کی سورۃ الفجر نمبر 89، قرآن پاک کی ایک مکی سورت ہے، اس میں 30 آیات ہیں۔ یہ سورت قیامت، انسانی نفس کی حالت اور اللہ تعالیٰ کے انعامات و عذاب کے بارے میں ہے۔ اللہ تعالیٰ نے مختلف قسموں کے ذریعے انسان کو غور و فکر کی دعوت دی، مثلاً فجر، دس راتیں (ذوالحجہ کے ابتدائی دنوں)، جفت و طاق اور رات کی قسمیں۔ پرانے زمانے کی سرکش قوموں (عاد، ثمود، اور فرعون) کا ذکر کیا گیا ہے جو اپنی سرکشی اور ظلم کی وجہ سے اللہ کے عذاب میں مبتلا ہوئیں۔ اللہ تعالیٰ نے انسان کی فطرت کو بیان کیا کہ وہ نعمتوں پر خوش ہوتا ہے اور تنگی پر شکوہ کرتا ہے۔ یہ آزمائشیں انسان کے ایمان اور صبر کا امتحان ہیں۔ اللہ نے لوگوں کو یتیموں، مسکینوں، اور حاجتمندوں کے ساتھ حسن سلوک کا حکم دیا۔ آخرت میں ہر شخص اپنے اعمال کے مطابق جزا یا سزا پائے گا۔ سورت کے اختتام پر ان لوگوں کے لئے خوشخبری ہے جن کا دل اللہ کی یاد اور اس کی رضا سے مطمئن ہوتا ہے۔ انہیں جنت میں داخل ہونے کی دعوت دی گئی ہے۔

سبق:

یہ سورت ہمیں اللہ کی عظمت، دنیاوی زندگی کی حقیقت، اور آخرت کی تیاری کے لئے غور و فکر کی دعوت دیتی ہے۔

سورة البلد (۹۰)

أَعُوذُ بِاللهِ مِنَ الشَّيْطَانِ الرَّجِيم
بِسْمِ اللّٰهِ الرَّحْمٰنِ الرَّحِيْمِ

خلاصہ:

قرآن مجید کی سورہ ، سورہ البلد نمبر 90 ہے۔ سورہ البلد مکہ مکرمہ میں نازل ہوئی۔ اس سورہ کا آغاز اللہ کی قسم سے ہوتا ہے کہ وہ اس شہر (مکہ) کو بابرکت اور مقدس قرار دیتا ہے، جہاں حضرت محمد صلی اللہ علیہ وسلم کی بعثت ہوئی۔ اللہ تعالی اس بات کا ذکر کرتے ہیں کہ انسان اپنی زندگی کی مشکلات میں جکڑا ہوتا ہے، اور وہ اپنے نفس کی حالتوں کے بارے میں سوالات کرتا ہے، لیکن اللہ کی مدد سے ہی وہ ان مشکلات کو عبور کر سکتا ہے۔اس کے بعد سورہ میں انسان کی فطری حالت اور اس کے عمل کی طرف توجہ دلائی گئی ہے۔ اللہ تعالی نے فرمایا کہ انسان جو بھی اچھا یا برا عمل کرتا ہے، اس کا جواب اسی کے مطابق ملے گا۔ وہ انسان جو اپنی محنت اور سچائی کے راستے پر چلتا ہے، اللہ کی رضا کی طرف بڑھتا ہے، جبکہ جو شخص اپنی خواہشات اور منفی جذبات کے پیچھے چلتا ہے، وہ تباہی کا شکار ہو جاتا ہے۔ سورہ کے آخر میں اللہ تعالی کی طرف سے یہ ہدایت دی گئی ہے کہ انسانوں کو غریبوں کی مدد کرنا چاہیے، یتیموں کی حمایت کرنی چاہیے اور مشکلات میں دوسروں کی مدد کے لیے کھڑا ہونا چاہیے۔ جو لوگ ان راستوں پر عمل کرتے ہیں، اللہ ان کو جنت کی خوشخبری دیتا ہے۔

سبق:

اس سورہ کا مرکزی پیغام یہ ہے کہ انسان کو اپنی زندگی میں اچھے عمل کرنے کی ضرورت ہے، اور اللہ کی رضا کے لیے سخت محنت اور قربانی کی ضرورت ہے۔

سورة الشمس (٩١)

أَعُوذُ بِاللهِ مِنَ الشَّيْطَانِ الرَّجِيم
بِسْمِ اللّٰهِ الرَّحْمٰنِ الرَّحِيْمِ

خلاصہ:

قرآن مجید کی سورہ الشمس نمبر 91 ہے۔ یہ ایک مختصر سورة ہے جس میں اللہ کی قدرت اور انسان کی فطرت کا بیان ہے۔ اس سورة میں اللہ تعالیٰ نے سورج، چاند، دن، رات، اور زمین کے مختلف پہلوؤں کو اپنی عظمت اور نشانی کے طور پر پیش کیا ہے۔ سورة کا آغاز سورج کی قسم سے ہوتا ہے، جسے اللہ تعالیٰ نے انسانوں کی رہنمائی کے لیے روشن بنایا ہے۔ اس کے بعد چاند، دن، رات اور آسمان کی قسمیں بھی بیان کی جاتی ہیں تاکہ اللہ کی قدرت کا شعور دلایا جائے۔ اللہ تعالیٰ نے انسان کی فطرت کو بھی بیان کیا ہے کہ اس میں اچھائی اور برائی دونوں کی گنجائش رکھی گئی ہے۔ پھر اللہ کی طرف سے انسان کو یہ ہدایت دی جاتی ہے کہ وہ اپنی فطرت کو درست کرے، تاکہ وہ کامیاب ہو۔ سورة کے آخر میں ایک قومِ ثمود کا ذکر ہے جو اپنی نافرمانی کی وجہ سے عذاب میں مبتلا ہوئی۔ اس قوم نے اپنے پیغمبر حضرت صالح علیہ السلام کی باتوں کو رد کیا، اور ان کی بداعمالیوں کی وجہ سے اللہ کا عذاب آیا۔

سبق:

یہ سورة انسان کو اپنی فطرت کے مطابق اچھے عمل کرنے کی ترغیب دیتی ہے اور اللہ کی نشانیوں پر غور کرنے کی دعوت دیتی ہے۔

سورة الليل (٩٢)

أَعُوذُ بِاللهِ مِنَ الشَّيْطَانِ الرَّجِيم
بِسْمِ اللّٰهِ الرَّحْمٰنِ الرَّحِيْمِ

خلاصہ:

قرآن مجید کی سورہ اللیل نمبر 92 ہے۔ سورۃ اللیل میں اللہ تعالیٰ نے رات اور دن کی تخلیق کی حقیقت بیان کی ہے۔ اللہ تعالیٰ نے سورۃ کی ابتدا رات اور دن کی قسم سے کی ہے۔ رات جب ڈھلتی ہے اور دن جب روشن ہوتا ہے، یہ سب اللہ کی تخلیق ہے۔ اس سورت میں اللہ تعالیٰ نے انسانوں کے دو گروپوں کا ذکر کیا ہے:

نیک عمل کرنے والے لوگ: جو اللہ کی رضا کے لیے صدقہ دیتے ہیں اور اچھے کام کرتے ہیں، وہ جنت کی طرف جائیں گے۔ برے عمل کرنے والے لوگ: جو خود غرض ہیں اور اپنے مال کو دوسروں سے چھپاتے ہیں، ان کے لیے عذاب کی دھمکی دی گئی ہے۔سورت کے آخر میں یہ کہا گیا ہے کہ انسان کا عمل اس کی تقدیر کا فیصلہ کرتا ہے۔ جو لوگ نیک عمل کرتے ہیں وہ کامیاب ہوں گے، اور جو برے کام کرتے ہیں وہ عذاب کا شکار ہوں گے۔

سبق:

اس سورت کا مقصد انسانوں کو اپنی زندگی کے فیصلوں پر غور کرنے کی دعوت دینا ہے تاکہ وہ آخرت کی کامیابی کے لیے اچھے اعمال کریں۔

سورۃ الضحیٰ (۹۳)

أَعُوذُ بِاللهِ مِنَ الشَّيْطَانِ الرَّجِيم
بِسْمِ اللّٰهِ الرَّحْمٰنِ الرَّحِيْمِ

خلاصہ:

قرآن مجید کی سورہ الضحیٰ نمبر 93 مکہ مکرمہ میں نازل ہوئی ہے اور اس کا موضوع اللہ کی رحمت، انعامات اور اس کی مدد کی یاد دہانی ہے۔ سورہ کی ابتدا میں اللہ تعالیٰ نے "وَالضُّحیٰ" (دن کے روشنی وقت) اور "وَاللَّيْلِ إِذَا سَجَىٰ" (رات کے وقت جب کہ سکون چھا جائے) کی قسم کھائی۔ ان دونوں کے درمیان اللہ کا ایک خاص نظام اور توازن ہے جو اس کی قدرت کی نشانیاں ہیں۔ اللہ تعالیٰ نے فرمایا کہ تمہارا رب نہ تو تمہیں چھوڑ کر گیا ہے، نہ وہ تم سے ناراض ہے۔ تمہارے ساتھ اللہ کی مدد اور عنایت ہمیشہ برقرار ہے۔ اللہ نے پیغمبر صلی اللہ علیہ وآلہ وسلم کی مدد کی، جب آپ کی زندگی میں مشکلات آ رہی تھیں۔ اللہ نے آپ کی ضروریات پوری کیں اور آپ کو کامیابی دی۔ اللہ تعالیٰ نے پیغمبر صلی اللہ علیہ وآلہ وسلم کو یتیموں کی مدد کرنے، مسکینوں کی کفالت کرنے اور لوگوں سے حسن سلوک کرنے کا حکم دیا۔ اللہ نے فرمایا کہ وہ آپ صلی اللہ علیہ وآلہ وسلم کو ایسا انعام دے گا کہ آپ کا دل خوش ہو جائے گا اور اس انعام میں دنیا اور آخرت دونوں شامل ہوں گے۔ اللہ تعالیٰ نے اس بات کا بھی ذکر کیا کہ جب اللہ کا انعام اور کرم آپ پر نازل ہوا تو اس نے آپ کی زندگی میں بہتری لائی، اور آپ کو محرومی سے نکال کر کامیاب کیا۔ اللہ کا شکر ادا کرنے اور اس کے انعامات پر راضی رہنے کی ترغیب دی گئی۔

سبق:

یہ سورۃ اللہ کے انعامات، اس کی مدد، اور انسانوں کے لیے اس کے ہدایت کے پیغامات پر زور دیتی ہے۔

سورة الشرح (۹۴)

أَعُوذُ بِاللهِ مِنَ الشَّيْطَانِ الرَّجِيم
بِسْمِ اللّٰهِ الرَّحْمٰنِ الرَّحِيْمِ

خلاصہ:

قرآن مجید کی سورہ الشرح نمبر 94، ایک مختصر اور جامع سورۃ ہے جس میں اللہ تعالیٰ کی بے شمار رحمتوں اور انعامات کا ذکر کیا گیا ہے۔ ابتداء میں تسلی کے بعد اللہ تعالیٰ نے فرمایا کہ ہم نے آپ کے دل کی تنگی دور کی ہے، یعنی حضرت محمد ﷺ کے لئے ہر قسم کی پریشانیوں کو آسان بنایا۔ اللہ نے اپنے نبی ﷺ کی مدد کے لیے ان کی مشکلوں کو آسان کردیا اور ان کی عزت و کرامت کو بلند کیا۔ اللہ کی رحمت کی وجہ سے کوئی بھی مشکل ہمیشہ کے لیے نہیں رہتی۔ اللہ نے بتایا کہ ہر مشکل کے بعد آسانی ہے۔ یہ ایک قدرتی قانون ہے کہ بعد از ہر پریشانی، راحت ضرور آتی ہے۔ جو شخص اللہ پر بھروسہ رکھتا ہے، اللہ اس کی مشکلات دور کر دیتا ہے۔ اللہ کی رضا کے لئے عمل کرنے کی ترغیب دی گئی ہے اور اللہ کی نعمتوں کا شکر ادا کرنے کی اہمیت پر زور دیا گیا۔

سبق:

اس سورۃ کی تعلیمات ہمیں اللہ کے ساتھ اعتماد اور صبر کا درس دیتی ہیں اور بتاتی ہیں کہ ہر مشکل کے بعد اللہ کی طرف سے آسانی اور انعامات کا وعدہ ہے۔

سورة التين (٩٥)

أَعُوذُ بِاللهِ مِنَ الشَّيْطَانِ الرَّجِيم
بِسْمِ اللّٰهِ الرَّحْمٰنِ الرَّحِيْمِ

خلاصہ:

قرآن مجید کی سورہ التین نمبر 95، ایک مختصر اور جامع سورۃ ہے۔ سورہ التین میں اللہ تعالی نے تین مختلف چیزوں کی قسم کھائی ہے: زیتون (جو عرب اور شام کے علاقے میں پایا جاتا ہے)، طور (جو ایک مقدس پہاڑ ہے)، اور یہ شہر (مکہ مکرمہ)۔ ان تمام چیزوں کی قسم کھانے کے بعد اللہ تعالی انسان کے بہترین تخلیق ہونے کی بات کرتے ہیں۔ اللہ تعالیٰ نے فرمایا کہ انسان کو بہترین صورت میں پیدا کیا، لیکن وہ پھر بھی اکثر بے قدر اور بدعمل ہوتا ہے۔ مگر جو لوگ ایمان لاتے ہیں اور اچھے عمل کرتے ہیں، وہ کامیاب ہیں۔ آخر میں اللہ نے فرمایا کہ کافروں کی جزا جہنم ہے، جبکہ ایمان والوں کا انعام جنت ہوگا۔

سبق:

اس سورہ کا بنیادی پیغام انسان کی پیدائش کی عظمت اور اس کی آخری منزل کی طرف رہنمائی ہے۔

سورة العلق (۹۶)

أَعُوذُ بِاللهِ مِنَ الشَّيْطَانِ الرَّجِيم
بِسْمِ اللّٰهِ الرَّحْمٰنِ الرَّحِيْمِ

خلاصہ:

قرآن مجید کی سورہ العلق نمبر 96، ابتدائی سورتوں میں سے ہے جو مکہ مکرمہ میں نازل ہوئی۔ اس کا مرکزی مضمون انسان کی تخلیق، علم کی اہمیت، اور اللہ کی عظمت کو بیان کرنا ہے۔ سورۃ کی ابتدائی آیات میں اللہ تعالیٰ نے انسان کی تخلیق کا ذکر کیا، کہ اسے ایک جمے ہوئے خون کے لوتھڑے (علق) سے پیدا کیا۔ اللہ نے قلم کے ذریعے علم سکھانے کی بات کی ہے اور یہ بتایا کہ انسان کو وہ چیزیں سکھائیں جو وہ نہیں جانتا تھا۔ یہ علم کی قدر و منزلت کو ظاہر کرتا ہے۔ سورۃ میں انسان کی فطری کمزوری یعنی سرکشی کا ذکر ہے۔ جب انسان اپنے آپ کو مالدار یا بے نیاز سمجھنے لگتا ہے تو وہ اپنے رب کو بھول جاتا ہے۔ انسان کو خبردار کیا گیا ہے کہ وہ اللہ کی نگاہ میں ہے اور ہر عمل کا حساب دینا ہوگا۔ ان لوگوں کی مذمت کی گئی ہے جو دوسروں کو عبادت یا حق کی راہ سے روکتے ہیں۔ آخر میں اللہ کے حضور سجدہ کرنے اور اس کے قریب ہونے کی تلقین کی گئی ہے۔

سبق:

یہ سورۃ ہمیں یہ سبق دیتی ہے کہ علم، شکر گزاری، اور اللہ کے قریب رہنا انسان کی کامیابی کا ذریعہ ہیں، اور غرور و سرکشی سے باز رہنا چاہیے۔

سورة القدر (٩٧)

أَعُوذُ بِاللهِ مِنَ الشَّيْطَانِ الرَّجِيم
بِسْمِ اللّٰهِ الرَّحْمٰنِ الرَّحِيْمِ

خلاصہ:
قرآن مجید کی سورۃ القدر نمبر 97، ایک مختصر مگر انتہائی بابرکت سورت ہے، جس کا موضوع لیلۃ القدر کی عظمت اور فضیلت ہے۔

اللہ تعالیٰ فرماتے ہیں کہ ہم نے قرآن کو لیلۃ القدر (قدر کی رات) میں نازل کیا۔ یہ رات بے حد بابرکت ہے، کیونکہ اس میں اللہ نے اپنی سب سے عظیم کتاب، قرآن کریم، کا نزول کیا۔

اس رات کی قدر و منزلت کو بیان کرتے ہوئے اللہ تعالیٰ فرماتے ہیں کہ یہ رات ہزار مہینوں سے بہتر ہے۔ یعنی اس ایک رات کی عبادت، نیک اعمال، اور دعائیں اتنے طویل عرصے کی عبادت سے زیادہ اجر رکھتی ہیں۔۔اس رات میں فرشتے اور روح (جبریل علیہ السلام) اللہ کے حکم سے زمین پر نازل ہوتے ہیں، خیر و برکت اور سلامتی لے کر۔ لیلۃ القدر مکمل طور پر سلامتی کی رات ہے، اور یہ طلوعِ فجر تک قائم رہتی ہے۔

سبق:
لیلۃ القدر ایک ایسی رات ہے جو مسلمانوں کے لیے بے پناہ رحمتوں اور برکتوں کا ذریعہ ہے۔ اس رات کو عبادت، دعا، اور استغفار میں گزارنا انسان کی زندگی میں نیکیوں اور قربِ الٰہی کا عظیم موقع فراہم کرتا ہے۔

سورۃ البینہ (٩٨)

أَعُوذُ بِاللهِ مِنَ الشَّيْطَانِ الرَّجِيم
بِسْمِ اللّٰهِ الرَّحْمٰنِ الرَّحِيْمِ

خلاصہ:

قرآن مجید کی سورہ البینہ نمبر 98, ایک مختصر اور جامع سورہ ہے جو مدنی سورہ ہے اور اس میں کل 8 آیات ہیں۔ اس سورہ کا موضوع ایمان، اعمال صالحہ اور حق و باطل کے درمیان فرق واضح کرنا ہے۔ اللہ تعالیٰ بیان فرماتا ہے کہ اہل کتاب اور مشرکین اس وقت تک اپنی گمراہی کو نہیں چھوڑیں گے جب تک ان کے پاس واضح دلیل نہ آجائے۔ یہ دلیل اللہ کا رسول اور اس پر نازل شدہ کتاب ہے، جو لوگوں کو حق اور باطل میں فرق سمجھانے کے لیے بھیجی گئی۔ قرآن مجید کی تعلیم کا مقصد یہ ہے کہ لوگوں کو توحید کی طرف بلایا جائے، یعنی صرف اللہ کی عبادت کی جائے، دین کو خالص اسی کے لیے رکھا جائے، نماز قائم کی جائے اور زکوٰۃ دی جائے۔ یہی سیدھا اور مضبوط دین ہے۔ وہ لوگ جو ایمان لائے اور نیک عمل کیے، ان کے لیے اللہ تعالیٰ نے جنت کے باغات کا وعدہ کیا ہے جہاں وہ ہمیشہ رہیں گے۔ یہ ان کے رب کی رضا اور خوشنودی کی علامت ہے۔ وہ لوگ جنہوں نے کفر کیا، خواہ وہ اہل کتاب ہوں یا مشرکین، ان کا انجام جہنم کی آگ ہے۔ وہ ہمیشہ اس میں رہیں گے، اور یہی بدترین انجام ہے۔

سبق:

یہ سورہ ہمیں یاد دلاتی ہے کہ اللہ کا دین واضح ہے، اور ہدایت پر چلنے کے لیے ایمان اور عمل صالح بنیادی شرط ہیں۔

سورة الزلزالہ (٩٩)

أَعُوذُ بِاللهِ مِنَ الشَّيْطَانِ الرَّجِيم
بِسْمِ اللّٰهِ الرَّحْمٰنِ الرَّحِيْمِ

خلاصہ:

قرآن مجید کی سورہ الزلزال نمبر 99, ایک مختصر مگر انتہائی اہم سورت ہے، جو قیامت کے دن اور انسان کے اعمال کے حساب کتاب پر روشنی ڈالتی ہے۔ سورت کا آغاز اس منظر سے ہوتا ہے جب زمین اپنی پوری شدت کے ساتھ لرزے گی اور اپنے اندر کے راز (تمام دفن شدہ چیزیں اور اعمال) باہر نکال دے گی۔ یہ قیامت کے دن کی ایک زبردست تصویر ہے، جو انسان کے دلوں میں خوف اور غور و فکر پیدا کرتی ہے۔ اس دن انسان حیرت سے کہے گا کہ زمین کو کیا ہو گیا ہے؟ زمین اس دن اپنے اوپر ہونے والے ہر عمل کی گواہی دے گی، کیونکہ اللہ نے اسے ایسا کرنے کا حکم دیا ہوگا۔ اس سورت میں واضح کیا گیا ہے کہ قیامت کے دن انسان کو اس کے اعمال کا وزن کیا جائے گا، چاہے وہ ذرہ برابر نیکی ہو یا گناہ۔ ہر انسان اپنے کیے ہوئے اعمال کو دیکھے گا اور اس کے مطابق جزا یا سزا پائے گا۔

سبق:

سورہ الزلزال ہمیں یہ یاد دہانی کراتی ہے کہ دنیا میں کیے گئے تمام اعمال ریکارڈ ہو رہے ہیں، اور قیامت کے دن ان کا مکمل حساب ہوگا۔ اس لیے انسان کو اپنے اعمال میں احتیاط برتنی چاہیے اور نیکیوں کی طرف رغبت کرنی چاہیے۔

سورۃ العادیات (۱۰۰)

أَعُوذُ بِاللهِ مِنَ الشَّيْطَانِ الرَّجِيم
بِسْمِ اللّٰهِ الرَّحْمٰنِ الرَّحِيْمِ

خلاصہ:

قرآن مجید کی سورۃ العادیات نمبر 100, ایک مکی سورت ہے جس میں 11 آیات ہیں۔ اس سورت کا موضوع انسان کی ناشکری، قیامت کے دن کا ذکر اور اللہ کے سامنے ہر چیز کے ظاہر ہونے کی حقیقت ہے۔ آغاز میں اللہ تعالیٰ ان گھوڑوں کی قسم کھاتے ہیں جو جنگ کے میدان میں دشمنوں پر حملہ کرتے ہیں، تیز رفتاری سے دوڑتے ہیں اور زمین سے گرد و غبار اٹھاتے ہیں۔ یہ گھوڑے اپنے سواروں کے احکامات کے تابع رہتے ہیں اور جان کی بازی لگا دیتے ہیں۔ اس قسم کے بعد اللہ تعالیٰ انسان کی ناشکری کو بیان کرتے ہیں۔ انسان مال و دولت اور دنیاوی چیزوں کی محبت میں گرفتار ہو کر اپنے رب کے احسانات کو بھول جاتا ہے۔ اللہ تعالیٰ یاد دلاتے ہیں کہ قیامت کے دن ہر چھپی ہوئی بات اور عمل ظاہر ہو جائے گا۔ انسان کے دلوں کے راز بھی کھول دیے جائیں گے۔ سورت کے آخر میں تاکید کی گئی ہے کہ اللہ ہر چیز سے باخبر ہے اور انسان کے اعمال کا مکمل حساب رکھا جا رہا ہے۔

سبق:

یہ سورت انسان کو یہ سبق دیتی ہے کہ دنیاوی زندگی اور مال و دولت کی محبت میں اللہ کی یاد اور آخرت کی فکر کو نظرانداز نہ کریں۔ قیامت کے دن ہر شخص کو اپنے اعمال کا جواب دینا ہوگا۔

سورۃ القارعہ (۱۰۱)

أَعُوذُ بِاللهِ مِنَ الشَّيْطَانِ الرَّجِيم
بِسْمِ اللّٰهِ الرَّحْمٰنِ الرَّحِيْمِ

خلاصہ:
قرآن مجید کی سورۃ القارعہ نمبر 101, ایک مختصر مگر بہت جامع سورت ہے۔ اس کا مرکزی موضوع قیامت کا بیان اور اس دن انسان کے اعمال کے انجام کا ذکر ہے۔ سورت کی ابتدائی آیات میں قیامت کو "القارعہ" یعنی دھماکہ خیز اور خوفناک آواز قرار دیا گیا ہے جو انسان کے دل دہلا دے گی۔ اس دن دنیا کا سارا نظام درہم برہم ہو جائے گا، پہاڑ روئی کی طرح اُڑ جائیں گے اور انسان حیرت و پریشانی میں مبتلا ہو گا۔ قیامت کے دن انسان کے اعمال کو تولا جائے گا۔ جن کے نیک اعمال کا وزن بھاری ہوگا، وہ کامیاب ہوں گے اور ان کا ٹھکانہ جنت ہوگی۔ جن کے اعمال کا وزن ہلکا ہوگا، وہ ناکام ہوں گے اور ان کا ٹھکانہ دوزخ ہوگا، جو انتہائی ہولناک اور اذیت ناک جگہ ہے۔

سبق:
یہ سورت ہمیں قیامت کے دن کی حقیقت سے آگاہ کرتی ہے اور ہمیں اس بات کی ترغیب دیتی ہے کہ ہم دنیا میں اپنی زندگی کو نیک اعمال اور اللہ کی رضا کے مطابق گزاریں تاکہ آخرت میں کامیاب ہو سکیں۔

سورة التكاثر (١٠٢)

أَعُوذُ بِاللهِ مِنَ الشَّيْطَانِ الرَّجِيم
بِسْمِ اللّٰهِ الرَّحْمٰنِ الرَّحِيْمِ

خلاصہ:

قرآن مجید کی سورۃ التکاثر نمبر 102، ایک مختصر مکی سورت ہے جس میں 8 آیات ہیں۔ اس سورت کا بنیادی موضوع دنیاوی مال و دولت اور انسان کی غفلت ہے۔ اس سورت کی ابتدا اس حقیقت کی نشاندہی سے ہوتی ہے کہ لوگوں کو زیادہ مال و دولت، اولاد اور دنیاوی چیزوں کی محبت نے غافل کر رکھا ہے۔ انسان اس غفلت میں اس وقت تک مبتلا رہتا ہے جب تک کہ قبر میں داخل نہ ہو جائے۔ سورت اس طرف توجہ دلاتی ہے کہ اگر انسان یقینِ کامل کے ساتھ آخرت کی حقیقت کو سمجھے تو وہ دنیا کی خواہشات میں اس قدر گم نہ ہو۔ آخر میں یہ انتباہ دیا گیا ہے کہ قیامت کے دن ہر انسان سے دنیا کی نعمتوں کے بارے میں سوال کیا جائے گا کہ اس نے ان نعمتوں کو کیسے استعمال کیا۔

سبق:

یہ سورت ہمیں دنیاوی مال و دولت کی محبت سے بچنے، آخرت کو یاد رکھنے اور اللہ کی عطا کردہ نعمتوں کا شکر ادا کرنے کی تلقین کرتی ہے۔

سورة العصر (١٠٣)

أَعُوذُ بِاللهِ مِنَ الشَّيْطَانِ الرَّجِيم
بِسْمِ اللّٰهِ الرَّحْمٰنِ الرَّحِيْمِ

خلاصہ:

قرآنِ مجید کی سورہ العصر نمبر 103، ایک مختصر مگر انتہائی جامع سورہ ہے جو انسان کی کامیابی اور ناکامی کے بنیادی اصولوں کو بیان کرتی ہے۔ یہ سورہ تین آیات پر مشتمل ہے۔ اللہ تعالیٰ زمانے کی قسم کھا کر یہ حقیقت بیان کرتے ہیں کہ وقت کی اہمیت بہت زیادہ ہے اور انسان کو اپنی زندگی کا ہر لمحہ فائدہ مند طریقے سے استعمال کرنا چاہیے۔ عام طور پر تمام انسان نقصان میں ہیں، کیونکہ وہ اپنی زندگی کو صحیح راہ پر نہیں گزار رہے اور آخرت کے حوالے سے غفلت کا شکار ہیں۔ اللہ تعالیٰ کامیابی کے چار اصول بیان کرتے ہیں جو انسان کو نقصان سے بچا سکتے ہیں:

ایمان لانا:
اللہ اور اس کے پیغام پر ایمان رکھنا۔
نیک اعمال کرنا:
اچھے اور صالح اعمال انجام دینا۔
حق کی نصیحت کرنا:
دوسروں کو سچائی اور نیکی کی دعوت دینا۔
صبر کی تلقین کرنا:
آزمائشوں پر صبر کرنا اور دوسروں کو بھی اس کی ترغیب دینا۔

سبق:

سورۃ العصر میں انسان کو اس کی زندگی کے مقصد کی یاد دہانی کرائی گئی ہے اور یہ بتایا گیا ہے کہ حقیقی کامیابی ایمان، عملِ صالح، حق کی تبلیغ، اور صبر کے بغیر ممکن نہیں۔

سورة الهمزه (۱۰۴)

أَعُوذُ بِاللهِ مِنَ الشَّيْطَانِ الرَّجِيم
بِسْمِ اللّٰهِ الرَّحْمٰنِ الرَّحِيْمِ

خلاصہ:

قرآن مجید کی سورہ الہمزہ نمبر 104، مکہ مکرمہ میں نازل ہوئی اور اس میں نو آیات ہیں۔ اس سورہ میں اللہ تعالیٰ نے ان لوگوں کی مذمت کی ہے جو دوسروں پر طعن و تشنیع کرتے ہیں، ان کا مذاق اڑاتے ہیں، اور مال و دولت کو جمع کرنے میں لگے رہتے ہیں، یہ سمجھتے ہوئے کہ یہ دولت انہیں ہمیشہ باقی رکھے گی۔ ان لوگوں کے لیے ہلاکت کی وعید ہے جو دوسروں پر طعن کرتے ہیں اور ان کی بے عزتی کرتے ہیں۔ ایسے لوگ جو مال جمع کرتے ہیں اور اسے گن گن کر رکھتے ہیں، یہ سمجھتے ہیں کہ ان کی دولت انہیں ہمیشہ زندہ رکھے گی۔ اللہ تعالیٰ ان لوگوں کو "حطمہ" (جہنم کی آگ) کا ذکر کرتے ہوئے خبردار کرتے ہیں، جو دلوں تک جا پہنچتی ہے اور انہیں مکمل طور پر فنا کر دیتی ہے۔ اس آگ کو ایک بلند و بالا ستون میں بند کیا جائے گا، جس سے یہ عذاب ہمیشہ جاری رہے گا۔

سبق:

یہ سورہ انسان کو یاد دلاتی ہے کہ مال و دولت اور دنیاوی عیش و عشرت کبھی بھی حقیقی کامیابی کا ذریعہ نہیں ہیں۔ انسان کو اپنے اخلاق اور اعمال درست رکھنے چاہئیں اور دوسروں کے حقوق کا احترام کرنا چاہیے۔

سورۃ الفیل (۱۰۵)

أَعُوذُ بِاللهِ مِنَ الشَّيْطَانِ الرَّجِيم
بِسْمِ اللّٰهِ الرَّحْمٰنِ الرَّحِيْمِ

خلاصہ:

قرآن پاک کی سورۃ الفیل نمبر 105, مکی سورۃ ہے اور اس میں 5 آیات ہیں۔ اس کا موضوع اللہ تعالیٰ کی قدرت اور ایک تاریخی واقعہ کے ذریعے سبق دینا ہے۔ سورۃ الفیل میں اللہ تعالیٰ نے ابرہہ اور اس کے لشکر کے انجام کا ذکر کیا ہے۔ ابرہہ حبشہ کا گورنر تھا جس نے خانہ کعبہ کو گرانے کے ارادے سے ایک بہت بڑا لشکر لے کر مکہ پر حملہ کیا۔ اس کے لشکر میں ہاتھی بھی شامل تھے، اسی لیے اسے "اصحاب الفیل" (ہاتھی والے) کہا گیا۔ جب ابرہہ کا لشکر مکہ پہنچا تو اللہ تعالیٰ نے ان کے خلاف پرندوں (ابابیل) کے جھنڈ بھیجے، جو ان پر پکی ہوئی مٹی کے کنکر پھینکتے رہے۔ اس کے نتیجے میں ابرہہ اور اس کا پورا لشکر تباہ ہو گیا اور یوں اللہ تعالیٰ نے اپنے گھر (کعبہ) کی حفاظت کی۔

سبق:

اس سورۃ سے یہ سبق ملتا ہے کہ اللہ تعالیٰ ہر چیز پر قادر ہے اور وہ اپنے دین اور اپنی نشانیوں کی حفاظت خود کرتا ہے۔ انسان کو اللہ کے سامنے عاجزی اور انکساری کا مظاہرہ کرنا چاہیے اور یہ یقین رکھنا چاہیے کہ اللہ ظلم و زیادتی کو کبھی کامیاب نہیں ہونے دیتا۔

سورة قریش (١٠٦)

أَعُوذُ بِاللهِ مِنَ الشَّيْطَانِ الرَّجِيم
بِسْمِ اللّٰهِ الرَّحْمٰنِ الرَّحِيْمِ

خلاصہ:
قرآن مجید کی سورة قریش نمبر 106، ایک مختصر مگر جامع سورة ہے، جس میں قریش کے قبیلے کو اللہ تعالیٰ کی نعمتوں اور اپنے رب کے شکر گزار ہونے کی یاد دہانی کرائی گئی ہے اس سورة میں اللہ تعالیٰ نے قریش کے قبیلے کو ان کے تجارتی سفر اور امن و امان کی نعمت کا ذکر کیا ہے۔ قریش ایک مشہور قبیلہ تھا جو خانہ کعبہ کا متولی ہونے کی وجہ سے دیگر قبائل میں عزت و احترام رکھتا تھا۔ ان کے تجارتی قافلے موسم گرما اور سردی میں شام اور یمن کے سفر کرتے تھے، اور اللہ تعالیٰ نے انہیں ان سفر میں امن و سلامتی عطا کی۔

قریش کو اللہ نے تجارتی سفر کے لیے امن اور سہولت عطا کی۔ یہ ان کے لیے رزق اور معیشت کا ذریعہ تھا۔

اللہ تعالیٰ قریش کو یاد دلاتا ہے کہ وہ اس رب کی عبادت کریں جس نے انہیں بھوک سے نجات دی اور خوف سے امن دیا۔

سبق:
اس سورة کا پیغام یہ ہے کہ انسان کو اپنے رب کی نعمتوں کا شکر گزار ہونا چاہیے اور صرف اسی کی عبادت کرنی چاہیے۔ یہ نعمتیں اللہ کی رحمت کی دلیل ہیں، اور ان کا صحیح شکر یہی ہے کہ انسان اپنے رب کا فرمانبردار بنے۔

سورۃ الماعون (۱۰۷)

أَعُوذُ بِاللهِ مِنَ الشَّيْطَانِ الرَّجِيم
بِسْمِ اللّٰهِ الرَّحْمٰنِ الرَّحِيْمِ

خلاصہ:

قرآن مجید کی سورۃ الماعون نمبر 107، ایک مختصر اور جامع سورۃ ہے، جو مکی دور میں نازل ہوئی۔ اس سورۃ میں بنیادی طور پر سماجی اور اخلاقی رویوں کی نشاندہی کی گئی ہے، اور ان لوگوں کے کردار کی مذمت کی گئی ہے جو ایمان اور نیک اعمال کے تقاضے پورے نہیں کرتے۔ سورۃ کے آغاز میں ان لوگوں کی بات کی گئی ہے جو آخرت کو جھٹلاتے ہیں۔ ایسے لوگوں کی نشانی یہ ہے کہ وہ یتیموں کے ساتھ بدسلوکی کرتے ہیں اور مسکینوں کی مدد کے لیے دوسروں کو بھی نہیں کہتے۔ ان لوگوں کی مذمت کی گئی ہے جو نماز تو پڑھتے ہیں لیکن ان کی نماز میں خلوص اور اللہ کا خوف نہیں ہوتا۔ ان کا مقصد صرف دکھاوا اور لوگوں کی نظروں میں نیک بننا ہوتا ہے۔ اس سورۃ میں ان لوگوں پر بھی تنقید کی گئی ہے جو معمولی اور ضروری چیزوں (مثلاً پانی، برتن یا دیگر چھوٹی مدد) میں بخیلی کرتے ہیں اور اپنے معاشرتی فرائض کو ادا نہیں کرتے۔

سبق:

سورۃ الماعون کا پیغام یہ ہے کہ دین کا حقیقی مفہوم اللہ کی عبادت کے ساتھ ساتھ انسانیت کی خدمت، یتیموں اور مسکینوں کی مدد، اور خلوص نیت سے اچھے اعمال کرنے میں مضمر ہے۔ ریاکاری اور سماجی بے حسی دین کے خلاف ہیں۔ یہ سورۃ ہمیں یہ سبق دیتی ہے کہ صرف عبادات کافی نہیں، بلکہ عملی زندگی میں دوسروں کے حقوق ادا کرنا بھی ایمان کا لازمی حصہ ہے۔

سورة الكوثر (۱۰۸)

أَعُوذُ بِاللهِ مِنَ الشَّيْطَانِ الرَّجِيم
بِسْمِ اللّٰهِ الرَّحْمٰنِ الرَّحِيْمِ

خلاصہ:

قرآن مجید کی سورة الکوثر نمبر 108، قرآن مجید کی سب سے چھوٹی سورت ہے، جو مکہ مکرمہ میں نازل ہوئی۔ اللہ تعالیٰ نے اپنے نبی حضرت محمد صلی اللہ علیہ وسلم کو تسلی دیتے ہوئے یہ سورت نازل کی۔ اس میں اللہ نے اپنی بے شمار نعمتوں میں سے ایک عظیم نعمت کا ذکر کیا، یعنی "الکوثر"، جو کثرت خیر کو ظاہر کرتا ہے۔ اس کے مفہوم میں جنت کی نہر، نبوت، قرآن، امت کی کثرت، اور دیگر برکتیں شامل ہیں۔ اللہ تعالیٰ نے حکم دیا کہ اس نعمت کے شکرانے کے طور پر نماز ادا کریں اور قربانی کریں۔ یہ عمل اللہ کی عبادت اور شکر گزاری کا مظہر ہے۔ آخر میں دشمنوں اور مخالفین کے انجام کی خبر دی گئی کہ جو نبی کریم صلی اللہ علیہ وسلم کے دشمن ہیں، وہ بے نام و نشان رہ جائیں گے اور ان کی سازشیں ناکام ہوں گی۔

سبق:

یہ سورت نبی اکرم صلی اللہ علیہ وسلم کے مقام و مرتبے اور اللہ کی نعمتوں کی عظمت کو ظاہر کرتی ہے۔

سورة الكافرون (١٠٩)

أَعُوذُ بِاللهِ مِنَ الشَّيْطَانِ الرَّجِيم
بِسْمِ اللّٰهِ الرَّحْمٰنِ الرَّحِيْمِ

خلاصہ:

قرآن مجید کی سورہ الکافرون نمبر 109، ایک مکی سورہ ہے جس میں چھ آیات ہیں۔ اس سورہ میں اسلام کے بنیادی اصول یعنی توحید کو واضح طور پر بیان کیا گیا ہے اور مشرکین مکہ کو مخاطب کیا گیا ہے۔ یہ سورہ کفار کے عقائد اور مسلمانوں کے عقائد کے درمیان فرق کو واضح کرتی ہے۔ اس میں رسول اللہ ﷺ کو حکم دیا گیا کہ کفار سے کہہ دیں کہ تمہارے اور ہمارے دین میں کوئی اشتراک نہیں۔ نہ ہم تمہارے معبودوں کی عبادت کرتے ہیں اور نہ تم ہمارے معبود کی عبادت کرتے ہو۔ اس طرح ہر ایک کو ان کے اپنے عقائد پر چھوڑ دیا گیا:
"تمہارا دین تمہارے لیے اور ہمارا دین ہمارے لیے۔"

سبق:

یہ سورہ اس بات کی تلقین کرتی ہے کہ دین کے معاملے میں سمجھوتہ ممکن نہیں اور ایمان کو ہر قسم کی ملاوٹ اور شرک سے پاک ہونا چاہیے۔

سورة النصر (۱۱۰)

أَعُوذُ بِاللهِ مِنَ الشَّيْطَانِ الرَّجِيم
بِسْمِ اللّٰهِ الرَّحْمٰنِ الرَّحِيْمِ

خلاصہ:

قرآن مجید کی سورہ النصر نمبر 110، ایک مختصر اور اہم سورہ ہے جو مدینہ میں نازل ہوئی۔ اللہ تعالیٰ نے اپنے نبی ﷺ کو یہ خوشخبری دی کہ جب اللہ کی مدد اور فتح (مکہ کی فتح) کا وقت آجائے، اور لوگ دینِ اسلام میں جوق در جوق داخل ہونے لگیں، تو اس وقت آپ ﷺ اللہ کی تسبیح اور حمد بیان کریں اور اس سے معافی طلب کریں، کیونکہ وہ توبہ قبول کرنے والا ہے۔

سبق:

یہ سورہ فتح مکہ کی پیشگوئی کرتی ہے اور یہ بتاتی ہے کہ جب اسلام کو غلبہ حاصل ہوگا تو شکر اور استغفار کا رویہ اختیار کرنا چاہیے۔ اس میں عاجزی اور اللہ کی بڑائی کا درس دیا گیا ہے۔

سورة المسد (١١١)

أَعُوذُ بِاللهِ مِنَ الشَّيْطَانِ الرَّجِيم
بِسْمِ اللّٰهِ الرَّحْمٰنِ الرَّحِيْمِ

قرآن مجید کی سورۃ المسد نمبر 111، ایک مختصر مکی سورت ہے، جس میں کل 5 آیات ہیں۔

پس منظر:

ابو لہب نبی ﷺ کا چچا ہونے کے باوجود آپ کا شدید دشمن تھا۔ اس نے اسلام کی دعوت کی مخالفت میں ہر ممکن کوشش کی، اور اپنی بیوی کے ساتھ مل کر نبی ﷺ کو اذیت پہنچائی۔ یہ سورت ان کے کردار اور انجام کو بیان کرتی ہے۔

خلاصہ:

یہ سورت نبی کریم ﷺ کے ایک شدید مخالف ابو لہب اور اس کی بیوی کے انجام کے بارے میں ہے۔ اللہ تعالیٰ نے اعلان کیا کہ ابو لہب کے دونوں ہاتھ تباہ ہو جائیں گے اور وہ خود ہلاک ہوگا۔ اس کا مال اور جو کچھ اس نے کمایا تھا، اسے اس کے کسی کام نہ آئے گا۔ وہ بھڑکتی ہوئی آگ میں داخل ہوگا۔ اس کی بیوی بھی اس انجام میں شریک ہوگی، جو ایندھن ڈھونے والی (فتنہ پھیلانے والی) تھی۔ اس کے گلے میں کھجور کی چھال کی مضبوط رسی ہوگی۔

سبق:

یہ سورت ان لوگوں کے لیے ایک تنبیہ ہے جو حق کے راستے میں رکاوٹ بنتے ہیں اور اللہ کے رسولوں کی مخالفت کرتے ہیں۔ ان کا انجام دنیا اور آخرت میں بربادی ہے۔

سورة الاخلاص (١١٢)

أَعُوذُ بِاللهِ مِنَ الشَّيْطَانِ الرَّجِيم
بِسْمِ اللّٰهِ الرَّحْمٰنِ الرَّحِيْمِ

خلاصہ:

قرآن مجید کی سورۃ الاخلاص نمبر 112، ایک مختصر مگر نہایت جامع سورہ ہے، جو توحیدِ باری تعالیٰ کی وضاحت کرتی ہے۔ سورہ الاخلاص میں اللہ تعالیٰ کی واحدانیت کا اعلان کیا گیا ہے۔ اللہ ایک ہے، اس کا کوئی شریک نہیں اور نہ ہی وہ کسی کی مخلوق ہے۔

اللہ بے نیاز ہے، اسے کسی چیز کی ضرورت نہیں اور سب اس کے محتاج ہیں۔ اللہ نہ کسی کا والد ہے اور نہ کسی کا بیٹا۔ اس کا کوئی ہمسر نہیں ہے۔اس سورہ میں اللہ کی صفات ایسی انداز میں بیان کی گئی ہیں کہ ہر قسم کے شرک اور گمراہی کا رد کیا جاتا ہے۔

سبق:

یہ سورہ توحید کے بنیادی عقیدے کی بنیاد فراہم کرتی ہے اور اسے پڑھنے سے گویا پورے قرآن کا ایک تہائی حصہ پڑھنے کے برابر ثواب ملتا ہے۔

سورة الفلق (١١٣)

أَعُوذُ بِاللهِ مِنَ الشَّيْطَانِ الرَّجِيم
بِسْمِ اللّٰهِ الرَّحْمٰنِ الرَّحِيْمِ

قرآن مجید کی سورۃ الفلق نمبر 113, ایک مختصر مگر جامع سورۃ ہے، جو اللہ تعالیٰ کی پناہ طلب کرنے کی اہمیت پر زور دیتی ہے۔ یہ سورۃ مکی ہے اور اس میں کل 5 آیات ہیں۔ اس کا مرکزی مضمون یہ ہے کہ مومنوں کو ہر قسم کے شر اور نقصان سے بچنے کے لیے اللہ تعالیٰ کی پناہ مانگنی چاہیے۔

خلاصہ:

سورۃ الفلق میں مومن کو سکھایا گیا ہے کہ وہ دن کے وقت اور ہر قسم کے شرور و فتن سے محفوظ رہنے کے لیے اللہ، جو تمام مخلوقات کا رب ہے، کی پناہ طلب کرے۔ اس سورۃ میں چار قسم کے شر سے پناہ مانگنے کی تاکید کی گئی ہے:

مخلوقات کے شر سے۔
رات کے اندھیرے کے شر سے۔
جادو اور گنڈوں کے شر سے۔
حسد کرنے والے کے حسد کے شر سے۔

اس سورۃ میں انسان کو یاد دلایا گیا ہے کہ حقیقی حفاظت صرف اللہ ہی فراہم کرسکتا ہے، کیونکہ وہی سب سے بڑا محافظ اور مددگار ہے۔

سبق:

یہ سورۃ مومنوں کو یہ سبق دیتی ہے کہ دنیا میں شر اور نقصان سے بچنے کے لیے ہمیشہ اللہ کی طرف رجوع کریں اور اپنی زندگی میں توکل اور دعا کو شامل کریں۔

سورۃ الناس (۱۱۴)

أَعُوذُ بِاللهِ مِنَ الشَّيْطَانِ الرَّجِيم
بِسْمِ اللّٰهِ الرَّحْمٰنِ الرَّحِيْمِ

خلاصہ:
قرآن مجید کی سورۃ الناس نمبر 114, مکی اورآخری سورۃ ہے اور اس میں 6 آیات ہیں۔ سورۃ الناس کا بنیادی موضوع انسان کو شیطانی وسوسوں اور گمراہی سے بچانے کے لیے اللہ تعالیٰ کی پناہ طلب کرنا ہے۔ اس سورۃ میں اللہ تعالیٰ کو انسان کا رب، بادشاہ، اور معبود کہہ کر پکارا گیا ہے اور ان صفات کے ذریعے اس سے پناہ طلب کی گئی ہے۔ انسان کو یہ سکھایا گیا ہے کہ وہ شیطان اور اس کے وسوسوں سے بچنے کے لیے اللہ کی حفاظت میں آجائے۔

شیطان انسان کے دل میں برے خیالات اور وسوسے ڈال کر اسے گمراہ کرنے کی کوشش کرتا ہے۔ یہ وسوسے کبھی کھلے دشمنوں کی صورت میں ہوتے ہیں اور کبھی پوشیدہ طریقے سے انسان کے دل و دماغ کو متاثر کرتے ہیں۔ سورۃ الناس میں یہ تعلیم دی گئی ہے کہ اللہ کی پناہ لینے سے ہی انسان ان خطرات سے محفوظ رہ سکتا ہے۔

سبق:
یہ سورۃ ہمیں یہ سبق دیتی ہے کہ ہماری حفاظت صرف اور صرف اللہ کے ہاتھ میں ہے، اور ہمیں ہر وقت اس پر بھروسہ کرتے ہوئے اس سے مدد طلب کرنی چاہیے۔

خلاصہ
پارہ نمبر 30
"عمّ پارہ"

أَعُوذُ بِاللهِ مِنَ الشَّيْطَانِ الرَّجِيم
بِسْمِ اللّٰهِ الرَّحْمٰنِ الرَّحِيْمِ

خلاصہ:

قرآنِ مجید کی آخری پارہ نمبر 30، (المعروف "عمّ پارہ") میں مختلف اہم موضوعات پر روشنی ڈالی گئی ہے۔ اس پارے میں مکی اور مدنی سورتیں شامل ہیں جو زیادہ تر توحید، قیامت، آخرت، نیکی اور بدی کے انجام اور رسولِ کریم ﷺ کی رسالت کے موضوعات پر مشتمل ہیں۔

1. توحید، رسالت اور آخرت کی اہمیت
2. قیامت کے احوال
3. نیکی اور بدی کا انجام
4. اللہ کی قدرت اور احسانات
5. اخلاقی تعلیمات
6. رسالتِ محمدی ﷺ
7. دین کی تکمیل
8. معاشرتی تعلیمات

اس پارے میں اللہ کی وحدانیت کو واضح کیا گیا ہے اور یہ بتایا گیا ہے کہ سب کچھ اللہ کے حکم سے ہوتا ہے۔ اس کے ساتھ قیامت کا ذکر ہے، جہاں لوگوں کو ان کے اعمال کا حساب دینا ہوگا۔ نیک لوگوں کو جنت اور خوشحالی کی بشارت دی گئی ہے، جبکہ برے اعمال والوں کے لیے جہنم اور عذاب کا بیان ہے۔ سورتوں میں قیامت کی ہولناکی، جنت کی خوشخبری اور جہنم کی وعید بیان کی گئی ہے۔

مثلاً:
سورۃ النبأ میں قیامت کے دن کے خوفناک مناظر اور اہلِ ایمان و کفار کے انجام کا ذکر ہے۔
سورۃ التکویر، الانفطار، اور الانشقاق میں کائنات کی تبدیلی اور قیامت کے وقت زمین و آسمان کی کیفیت بیان کی گئی ہے۔
سورۃ الزلزال میں زمین کے زلزلے اور اعمال نامے کے پیش کیے جانے کا ذکر ہے۔
سورۃ العادیات اور القارعہ میں اعمال کے حساب اور جزا و سزا کی وضاحت کی گئی ہے۔
سورۃ الشمس اور سورۃ الضحیٰ میں اللہ کی نشانیوں اور انسان کی رہنمائی کی بات کی گئی ہے۔
سورۃ الفیل میں اللہ کی مدد کا ذکر ہے کہ کس طرح ابرہہ کے لشکر کو تباہ کیا گیا۔
سورۃ العصر میں وقت کی اہمیت، نیکی کے کام، حق بات کی تلقین اور صبر کی ضرورت پر زور دیا گیا ہے۔
سورۃ الهمزه میں غیبت اور چغل خوری کے انجام سے خبردار کیا گیا ہے۔
سورۃ الکوثر میں رسول اللہ ﷺ کو اللہ کی نعمتیں یاد دلائی گئی ہیں۔
سورۃ الاخلاص میں اللہ کی وحدانیت کو واضح انداز میں بیان کیا گیا ہے۔
سورۃ النصر میں فتح مکہ کی خوشخبری اور دین کی تکمیل کا ذکر ہے۔
سورۃ الکافرون میں واضح کیا گیا ہے کہ دین کے معاملے میں کوئی سمجھوتہ نہیں ہوگا۔
سورۃ الماعون میں یتیموں اور مساکین کے ساتھ حسن سلوک کی تلقین کی گئی ہے۔
سورۃ قریش میں اللہ کی نعمتوں کی شکرگزاری کی تاکید کی گئی ہے۔

سبق:

پارہ 30 کا بنیادی موضوع آخرت کی تیاری، اللہ کی بندگی، اور اچھے اخلاق و اعمال کی تلقین ہے۔ یہ پارہ مختصر لیکن انتہائی جامع پیغامات پر مشتمل ہے جو انسان کی دنیا و آخرت کی بھلائی کے لیے راہنما ہیں۔

قرآن کے لئے مختصر دعا

یا اللہ! ہمارے نبی محمد ﷺ، ان کے اہلِ خانہ اور صحابہ پر رحمت فرما۔ ہمیں قرآن کی محبت عطا کر۔ اسے ہمارے دلوں کا نور اور زندگی کی رہنمائی بنا۔ ہمیں اور ہماری اولاد کو قرآن خوش الحانی سے پڑھنے، سمجھنے، یاد کرنے اور اس پر عمل کرنے کی توفیق دے۔ قرآن کو ہمارے لئے رحمت، مشکل وقت کا سہارا، اور جنت کا راستہ بنا۔ ہمارے والدین، اساتذہ اور پوری امتِ مسلمہ کو بخش دے۔

آمین یا رب العالمین۔